Amor

Coleção **PASSO-A-PASSO**

CIÊNCIAS SOCIAIS PASSO-A-PASSO
Direção: Celso Castro

FILOSOFIA PASSO-A-PASSO
Direção: Denis L. Rosenfield

PSICANÁLISE PASSO-A-PASSO
Direção: Marco Antonio Coutinho Jorge

Ver lista de títulos no final do volume

Maria de Lourdes Borges

Amor

Jorge Zahar Editor
Rio de Janeiro

Para A., meu estóico favorito...

Copyright © 2004, Maria de Lourdes Alves Borges

Copyright desta edição © 2004:
Jorge Zahar Editor Ltda.
rua México 31 sobreloja
20031-144 Rio de Janeiro, RJ
tel.: (21) 2240-0226 / fax: (21) 2262-5123
e-mail: jze@zahar.com.br
site: www.zahar.com.br

Todos os direitos reservados.
A reprodução não-autorizada desta publicação, no todo
ou em parte, constitui violação de direitos autorais. (Lei 9.610/98)

Composição eletrônica: TopTextos Edições Gráficas Ltda.
Impressão: Geográfica Editora

Capa: Sérgio Campante

CIP-Brasil. Catalogação-na-fonte
Sindicato Nacional dos Editores de Livros, RJ.

B733a	Borges, Maria de Lourdes Alves Amor / Maria de Lourdes Borges. — Rio de Janeiro: Jorge Zahar Ed., 2004 (Filosofia Passo-a-passo) Inclui bibliografia ISBN 85-7110-793-9 1. Amor — Filosofia. 2. Amor na literatura. I. Título. II. Série.

04-1279

CDD 128
CDU 128

Sumário

O amor se diz de muitas formas   7

O Banquete de Platão: o amor como falta   12

Morrer de amor   15

Banhar-se na substância una:
o êxtase amoroso de Werther   19

Deve um estóico se apaixonar?   21

O jardim de Epicuro e a terapia da paixão   25

Descartes e as paixões da alma   27

Kant: paixões e afetos como doenças da mente   32

A abordagem contemporânea: os aspectos
cognitivos e fisiológicos do amor   37

Conclusão   47

Seleção de textos   48

Referências e fontes   56

Leituras recomendadas   58

Sobre a autora   60

O amor se diz de muitas formas

"Diante de um superior, nosso eu nada mais tem a fazer do que declarar amor" — escreve Bettina Brentano a Goethe, autor de *Os sofrimentos do jovem Werther*, obra que serviu como estímulo a uma série de suicídios por amor em meados do século XVIII. Esse livro não apenas provoca um tipo de comportamento amoroso, mas é o seu próprio retrato: ele foi inspirado em duas histórias verídicas do círculo de Goethe. Uma protagonizada por ele mesmo, ao se apaixonar por Charlotte Buff, esposa de Johann Kestner, durante sua estadia na cidade de Wetzlar em 1772. A segunda, a de um jovem apaixonado por uma outra senhora comprometida, que leva seu amor às últimas conseqüências, utilizando duas pistolas emprestadas por Kestner. Tal incidente impressionou vivamente tanto Goethe quanto Charlotte e seu marido.

Goethe acaba por afastar-se do casal, tranqüilizando-os numa carta de 28 de novembro de 1772: "Não estou pensando em dar-me um tiro no momento." E o sofrimento de Goethe dá origem a um dos mais belos livros sobre a dor de um amor não-correspondido. Ele escreve a Charlotte

Kestner em 16 de junho de 1774: "Adeus, querida Charlotte, mando-vos um amigo o mais cedo possível. Ele tem muitas semelhanças comigo e espero que o recebais bem... ele se chama Werther."

Se o amor não-correspondido pode levar ao suicídio, também pode dar origem à heróica aceitação do fardo de amar demais, como nos versos de Auden: "If equal affection cannot be, let the more loving one be me" (Se o afeto não pode ser o mesmo, que eu seja aquele que ama mais). Ou ao mero prazer da descrição das sensações provocadas pelo objeto amado, tal como as relatadas pela poetisa Safo: "Quando eu te vejo,/ Minha voz engasga,/ Minha língua fica paralisada,/ Uma febre selvagem percorre todo meu corpo/ E eu não vejo nada/ Meus ouvidos se enchem de um ruído latejante/ E todo meu ser estremece."

Essas são manifestações literárias que definem e ilustram nossos sentimentos comuns sobre o amor. Contudo, não queremos apenas senti-lo e encontrar algum consolo nas belas palavras de poetas e romancistas. Nós queremos explicá-lo. Por que nós, seres racionais, padecemos, vez por outra, dessas inquietações da alma? Por que sofremos por aquilo que era uma promessa de felicidade infinita? Por que continuamos a ter tais sentimentos quando já sabemos que a promessa de prazer trará apenas a certeza da dor? Por que entre a dor e o nada, preferimos a dor?

O que a filosofia pode dizer sobre o amor? Poderia ela explicá-lo? Poderia ela nos oferecer algum consolo? Neste livro pretendo apresentar o que alguns filósofos disseram sobre o amor. Inicialmente, farei uma exposição dos tipos de amor. Em seguida, veremos em que medida autores como Platão, Sêneca, Epicuro, Descartes, Kant e Hegel podem nos auxiliar a entender a essência do amor. Por fim, apresentarei a análise que a filosofia contemporânea faz sobre essa inquietação da alma.

Segundo Sponville, há três formas de amor: o amor/*eros*, o amor/*philia* e o amor/*caritas*. O amor/*eros* é aquele tematizado no *Banquete* de Platão e que permeia igualmente o amor romântico. Esse tipo de amor é caracterizado pelo desejo, não necessariamente o desejo carnal, mas o desejo do que falta. É o desejo de se reunir à sua metade perdida e se fundir com ela, formando um todo. Como essa fusão absoluta é impossível ou fugaz, o amor/*eros* é carência, sofrimento, obsessão da busca daquilo que completa. Não raro, Eros está ligado à morte. Assim o é nos relatos românticos de *Tristão e Isolda*, *Romeu e Julieta* e *Os sofrimentos do jovem Werther*. O sofrimento é parte tão essencial do amor romântico que dificilmente poderíamos imaginar esses personagens felizes. Quão tediosa seria a vida conjugal de Romeu e Julieta, ou de uma possível Senhora Tristão, ou de uma Charlotte preparando o jantar para o seu marido Werther! Parafraseando Hegel, páginas felizes são páginas em branco na história do amor romântico.

O segundo tipo de amor é o amor amizade, explorado por Aristóteles na *Ética a Nicômaco*. O amor/*philia* implica um desejo de partilhar a companhia do outro, seja pelo prazer, pelo útil ou pela virtude. Esse último seria sua forma mais completa, definida por Aristóteles como a amizade entre os bons e virtuosos, que implica querer o bem do outro e ter prazer em sua companhia: "A amizade perfeita é a dos homens que são bons e afins na virtude, pois esses desejam igualmente bem um ao outro enquanto bons, e são bons em si mesmos."

Essa forma de amor não se limita ao prazer ou ao útil, ainda que também possa ter tais características. Ela é antes de tudo o prazer da presença e da companhia do outro. Os amigos virtuosos querem e fazem o bem uns aos outros, e sua mútua companhia é agradável, pois suas atividades são semelhantes como indica Aristóteles: "E cada um é bom em si e para seu amigo, pois os bons são bons em absoluto e úteis um ao outro. E da mesma forma são agradáveis, porquanto os bons o são tanto em si mesmos como um para o outro, visto que a cada um agradam as suas próprias atividades e outras que lhes sejam semelhantes, e as ações dos bons são as mesmas ou semelhantes."

A *philia*, para Aristóteles, é uma relação duradoura entre iguais, baseada na vontade de fazer o bem um ao outro e num prazeroso convívio. A *philia* não se reduz ao que hoje consideramos amizade. A relação entre os cônjuges pode ser considerada uma forma de *philia*, desde que baseada na sua consideração como iguais, no prazer da convivência e no mútuo desejo de fazer o bem um ao outro. Passada a paixão romântica, restaria a amizade aristotélica.

Próximo à *philia* aristotélica temos o amor em Spinoza, que assim o define, na *Ética*: "O amor é uma alegria acompanhada da idéia de uma causa exterior." Trata-se do amor de regozijo pela mera existência do outro. Nesse amor não há falta, nem a urgente inclinação de unir-se ao ser amado.

Para Spinoza, enganam-se aqueles que pensam pertencer, à essência do amor, a vontade de unir-se à coisa amada. Essa é apenas uma propriedade desta afecção. Por vontade de unir-se à coisa amada, Spinoza aqui não se refere à decisão livre de unir-se ao ser amado, nem mesmo ao desejo de unir-se a ele quando está ausente ou de permanecer junto a ele quando está presente. A vontade do amante de unir-se ao amado designa apenas a consolidação do contentamento daquele que ama na presença do outro, alegria que pode existir, contudo, mesmo na sua ausência. O mero pensamento de sua existência é suficiente para o contentamento, sem implicar nenhuma necessidade de unir-se ao objeto de amor. Obviamente, quando nos encontramos na presença do ser amado, essa alegria é alimentada e fortificada. Contudo, o desejo de possuir o objeto da afecção, de unir-se indissoluvelmente a ele, não expressa, nem a essência, nem a propriedade do amor em Spinoza.

O terceiro tipo de amor é a *agapé* ou *caritas,* mais próxima à *philia* do que a *eros.* É um amor de benevolência, porém não por uma pessoa em particular, mas por toda a humanidade. Esse amor leva à caridade desinteressada, fortemente incitada pelos discursos humanistas ou religiosos. O mandamento cristão de amar ao próximo como a si mesmo é um exemplo desse tipo de amor. Kant o denominará de benevolência ou *humanitas* prática: trata-se de fazer o bem ao outro, ainda que não tendo nenhuma inclinação especial ou sentimental em relação a esse.

A seguir apresentaremos a análise que alguns filósofos fazem do amor, com ênfase na sua forma mais perturbadora: o amor/*eros.*

O Banquete de Platão: o amor como falta

O Banquete é um livro sobre o amor. Trata-se da narrativa de um banquete oferecido por Agaton a alguns de seus amigos próximos: Aristodemo, Fedro, o belo Alcebíades e o próprio Sócrates, entre outros. Em vez de beberem, conforme a tradição, Agaton exorta seus amigos a fazerem um elogio a Eros, deus do amor. Três são os discursos que se destacam, por ressaltarem aqueles elementos que melhor definem o amor/Eros: a diferença entre o bom e o mau Eros, feito por Pausânias; o mito do andrógino e os ensinamentos de Diotima, lembrados por Sócrates.

Segundo Pausânias, não existe apenas um Eros, mas dois: um Eros vulgar e outro celeste. O Eros vulgar é aquele que incita o amor do corpo e não do espírito. Tal amor é guiado pela concupiscência, não tendo nenhuma preocupação com a virtude do ser amado, ou com sua educação para a virtude. Ele ama o que é fugaz, não sendo digno de apreço. Ao contrário, o Eros celeste não se dirige ao prazer do corpo, mas do espírito, ama a virtude e a inteligência do outro, não apenas seu corpo. As relações baseadas no Eros celeste são mais duradouras, pois os amantes visam a companhia do outro, já que amam seu espírito e não buscam algo meramente fugaz como o prazer do corpo. Elas levam às associações e amizades duradouras, podendo inclusive significar um risco para os governos despóticos.

Visto que o Eros celeste é o amor da sabedoria e da virtude do outro, a ele nada deve ser censurado e tudo deve ser permitido: implorar como mendigo, adular até a exaustão, deitar-se na porta das casas em súplica. Com razão, os homens censuram essas ações nos negócios ou na política, mas não o devem fazer quanto ao Eros celeste, pois sua finalidade é sublime: desenvolver nos amantes a virtude e a sabedoria. A lição do Eros celeste é que se torna honroso entregar-se em nome da virtude e que nenhuma humilhação deve ser censurada nessa nobre tarefa.

Um dos discursos mais lembrados quando falamos do *Banquete* é o mito do andrógino, narrado por Aristófanes. Segundo a lenda, no início do mundo existiam três sexos humanos: o feminino, o masculino e o andrógino. Os seres humanos eram redondos, possuíam quatro pernas, quatro braços, um pescoço, e duas faces, quatro orelhas e dois orgãos sexuais. Eles eram robustos, vigorosos e muito velozes, já que para correr davam voltas no ar, usando seus oito membros. Percebendo sua força e robustez, eles decidiram escalar o céu e atacar os deuses.

Zeus encontrou uma forma de enfraquecê-los sem destruí-los por completo. Decidiu cortá-los ao meio — assim ficariam mais fracos, mas poderiam ainda se locomover pela terra sobre dois pés. Ele cortou os homens ao meio e virou-lhes a cabeça para dentro, a fim de que pudessem contemplar o ventre e o umbigo, memórias do merecido castigo por sua insolência. A partir de então, as criaturas humanas passaram a procurar sua metade e, se a encontravam, ficavam abraçados com ela, gozando de sua unidade reencontrada. Como a saciedade era tanta, os seres morriam assim, abraçados à sua metade, e a raça humana corria perigo de extinção. Zeus pensou então num estratagema para que isso não ocorresse: pôs os órgãos sexuais para frente. Dessa forma, se as metades de um andrógino se encontrassem, reproduziriam outros seres. Se fossem as metades de um homem ou de uma mulher, haveria ao menos saciedade sexual no encontro e eles poderiam voltar à sua vida normal.

O discurso de Sócrates, por sua vez, traz uma peculiaridade: evoca os ensinamentos de uma mulher, Diotima. A ela Sócrates afirma dever tudo o que sabe sobre o amor. Ele inicia narrando a defesa que Diotima faz da posição de que Eros não é belo: ele não é feio, nem mau, porém sua natureza mostra a sua própria carência. Para explicá-la, Diotima nos conta a concepção de Eros. Ele é concebido na festa de nascimento de Afrodite, na qual estavam Pênia, a pobreza, e Poros, o esperto, filho de Métis. Embriagado de néctar, Poros vai aos jardins e adormece. Neste momento, Pênia, querendo conceber um filho dele, deita-se ao seu lado e concebe Eros. Assim, Eros reúne em si as marcas de seus dois progenitores. É pobre, rude e sujo como sua mãe; vivendo na pobreza, passa de porta em porta a mendigar. Como o pai, é astuto e vive tramando estratagemas e maquinações. Não é mortal nem imortal, podendo morrer no mesmo dia em que nasceu e, após sua morte, renascer. Sendo Eros concebido no dia do nascimento de Afrodite, ele é o amor do belo, visto que ela é bela.

Eros, sendo meio mortal, sem instrução e carente, como sua mãe, e imortal, sábio e completo, como seu pai, é aquele que busca a filosofia para seu completamento. Se fosse totalmente sábio, como são os deuses, não necessitaria dela. Se fosse tolo, também não buscaria a sabedoria. Assim, apenas aqueles que estão entre uns e outros buscam a filosofia. E esse é o lugar de Eros. Nem feio, nem belo, nem mortal, nem imortal, nem sábio, nem tolo, a essência do amor é fazer a ponte entre o humano e o divino.

O mito do andrógino, assim como o discurso de Diotima relembrado por Sócrates, evidenciam o caráter de incompletude do amor/*eros*. Ele é a busca pela sua metade perdida, busca que evidencia a carência constitutiva de sua pobreza intrínseca.

Morrer de amor

O amor romântico é o amor da impossiblidade de completar sua falta. Ele é ilusório ou fugaz. Ou bem o amor não será correspondido — levando à tristeza, desespero ou mesmo à obsessão e morte —, ou bem o amor romântico é correspondido e passará a uma outra forma de amor, mais próxima à *philia*.

Segundo estudos contemporâneos, o êxtase amoroso, rebatizado de *limerence*, dura em média de 18 meses a 3 anos. Surpreendentemente, 3 anos é a duração do elixir de amor de uma das primeiras manifestações literárias que exalta o amor romântico: *Tristão e Isolda*. Atualmente, sabe-se que essa sensação de euforia romântica é causada por uma substância chamada de feniletilamina.

O romance *Tristão e Isolda* baseia-se em narrativas dos séculos XII e XIII. Isolda, filha do rei da Irlanda, deverá ser levada à Cornualha para se casar com o rei Marc, o qual não conhecia. Zelando pelo futuro da filha e temendo que fosse infeliz longe de sua terra natal ao casar com um desconhecido, a mãe de Isolda, exímia feiticeira, prepara-lhe um elixir que deveria ser tomado pelos cônjuges antes da noite de núpcias e que faria com que eles se apaixonassem perdidamente um pelo outro. Tristão, sobrinho de Marc, é encarregado de levar Isolda ao seu destino. No caminho, ainda no navio que os levará à Cornualha, Brangien, criada de Isolda, revela a esta que traz consigo o elixir do amor. Isolda decide tomar a poção mágica e dá-la de beber a Tristão, o qual ignorava o que bebia. O elixir faria com que aqueles que o bebessem padecessem de um amor tão intenso que não poderiam ficar longe um do outro mais do que um dia sem sofrer e mais do que uma semana sem correr o risco de morrer. Tristão e Isolda bebem o elixir que os unirá de um amor indissolúvel. Isolda, contudo, deverá cumprir sua promessa e casar-se com o rei Marc, o que trará uma série de desventuras a ambos os amantes, culminando em sua morte. Isolda não é, contudo, vítima de nenhum sortilégio que tenha agido contra a sua vontade, ela sabia o que o elixir era capaz de provocar e mesmo assim decidiu tomá-lo.

Nesse romance, podemos ver mais uma característica do amor romântico: se ele é uma doença da alma, é uma doença que o doente decide contrair. Isolda decide voluntariamente tomar o elixir, ainda que Tristão não esteja a par do que está bebendo. Contudo, em nenhum momento, mesmo nas maiores dificuldades, eles quiseram se curar do amor. Isolda é ameaçada pelo rei Marc de ser queimada viva, depois é deixada aos leprosos. Resgatada por Tristão, vai viver com ele nas florestas, sem abrigo nem alimento. O amor provocado pelo elixir possui a propriedade de deixar os amantes insensíveis à dor física e à fome.

A dor física, a necessidade, a falta de alimentos e abrigo em nenhum momento fará os amantes deplorarem seu fardo. Kant comentará sobre essa paixão da alma: como curar um doente que não quer a si mesmo curar?

Visto que o amor romântico é o amor da impossibilidade, suas manifestações literárias mais significativas estão ligadas à morte: à morte de Isolda e Tristão soma-se a morte de Romeu e Julieta e o suicídio de Werther.

Werther, enamorado de Charlotte, compara a dor de um amor impossível à dor física de uma doença sem cura. O suicídio vem a extinguir a dor para a qual não há cura, assim como a morte natural extingue um corpo que não tem mais forças. O paralelo entre a doença do corpo e a doença da alma é reiterada muitas vezes. Não deve haver, portanto, reprovação moral do suicídio: chamar de covarde aquele que se priva da vida seria como censurar aquele que sucumbe a uma febre maligna. A natureza, afirma Werther, tem seus limites para suportar a mágoa, a dor e o sofrimento; após esse limite, ela sucumbe. O espírito que decide aniquilar a si mesmo não difere da natureza que extingue um corpo que esteja definhando. Na enfermidade, "a natureza não encontra nenhuma saída desse labirinto de forças intrincadas e antagônicas, e o homem tem que morrer".

Ao defender o suicídio por amor de uma jovem de seu povoado, Werther raciocina utilizando a analogia entre as enfermidades do corpo e os tormentos da alma. Assim como nas enfermidades do corpo, não há sentido em reprovar a natureza por não ter esperado o momento propício para morrer, não há sentido em dizer que a pobre moça desesperada deveria esperar para recobrar o bom senso. A morte, a loucura, o suicídio, todos esses são males que fazem parte da essência do amor nessa sua figura mais radical.

O amor romântico não leva apenas à morte como impossibilidade da consumação da totalidade almejada. A impossibilidade da posse do ser amado pode levar ao impulso de morte e, por sua vez, à sua destruição. Tal é o caso ilustrado pelo ciúme doentio de Don José na novela de Mérimée, imortalizada na ópera *Carmen*. O desfecho trágico já é enunciado no refrão da ária principal cantada pela protagonista: "Si je t'aime, prends gard de moi (Se eu te amo, tome cuidado comigo)."

Para viver o amor romântico é preciso superar a morte. Uma bela metáfora dessa superação pode ser encontrada na luta de vida e morte da figura do senhor e do escravo de Hegel. Esta figura do livro *Fenomenologia do espírito* aparece após as consciências terem-se elevado a uma condição superior a um objeto, na dialética do desejo, onde se descobre que o outro não é um mero objeto. Eu não desejo o outro, eu desejo o desejo do outro.

Na dialética do senhor e do escravo, duas consciências de si enfrentam-se numa luta de vida e morte, a fim de provarem seu status de autoconsciência. Elas se olham, vêem a morte nos olhos da outra e a temem. Esse olhar faz estremecer todo seu ser. O medo da morte, este senhor absoluto, leva as consciências a desistirem da luta de vida e morte e ao reconhecimento mútuo, ainda que tal reconhecimento só venha a se efetivar plenamente em momentos posteriores da *Fenomenologia do espírito*.

Retirando a figura do senhor e do escravo do seu contexto próprio, podemos utilizá-la como possível metáfora para o amor. Os amantes, assim como as autoconsciências experimentam a angústia, não dessa ou daquela coisa, não durante tal ou qual instante, mas a angústia da integralidade de sua essência, pois provaram o medo da morte. Nessa angústia, o amante dissolve sua essência intimamente, treme nas profundezas de si mesmo e faz vacilar tudo o que é fixo.

O amor, na sua forma avassaladora, dissolve tudo o que é fixo. Olhar o outro nos olhos e temer o senhor absoluto nos dá a dimensão mortal de Eros.

Banhar-se na substância una: o êxtase amoroso de Werther

Ainda que a morte e o sofrimento sejam o que espera os amantes, eles nem por isso pagariam o preço de abdicar desse doce deleite da *limerence*. Que morte e sofrimento comparam-se ao prazer de Werther ao saber que poderia ver sua amada novamente? Ele mesmo admite que pouco importa o que ainda há por vir, já que a certeza de poder ver sua amada lhe concede toda a felicidade possível ao homem: "Aconteça o que acontecer, jamais poderei dizer que não

experimentei a felicidade em minha vida." O amor romântico é o amor da desmedida. Werther caçoa dos bem-com-
portados, dos lúcidos, dos razoáveis, proclamando aquilo
que poderia servir como seu lema: "Mais de uma vez me
embebedei, minhas paixões nunca estiveram longe da de-
mência, e não me arrependi de nenhuma das coisas que fiz."

A experiência do êxtase romântico de Werther, causado
pela expectativa de ver e compartilhar da companhia de
Charlotte, remete a uma tese típica do romantismo alemão:
a possibilidade de uma intuição do Absoluto. Animado por
um renascimento de espinosismo, o movimento romântico
alemão chamado "Tempestade e ímpeto" procura esse aces-
so ao Absoluto de forma imediata, possibilidade que havia
sido criticada pela filosofia kantiana. Hegel partilha dessa
ambição quando escreve que, para "começar a filosofar, é
preciso banhar-se na substância una."

O banhar-se na substância una do Absoluto é descrito
no êxtase romântico de Werther como a dissolução dos
objetos e do tempo: "Desde esse momento, Sol, Lua, estrelas
podem seguir tranqüilas a sua órbita, que para mim já não
há mais dia nem noite, e o mundo inteiro dissipou-se à
minha volta." Deve-se notar que aqui temos o êxtase qua-
se-místico do amor romântico na sua dimensão mais radical. É interessante perceber que, ainda que este se alimente
de experiências sensoriais dadas pelo objeto amoroso — o
deleite de segurar o braço e fitar os olhos de Charlotte numa
contradança, o toque involuntário das mãos numa conversa
—, ele jamais se consuma sexualmente, e nem necessita
disso; pelo contrário, a experiência sexual diminuiria o

ardor do amor romântico. Essa talvez seja uma das razões pelas quais Kant não atribui à paixão do amor a mesma periculosidade das outras paixões, tais como ambição, cobiça e vaidade, as quais nunca podem ser totalmente satisfeitas. A paixão do amor é satisfeita através da satisfação do desejo físico.

Ao mesmo tempo, esse amor nunca consumado carnalmente de Werther nos remete à diferença do discurso do *Banquete* entre um amor da alma e um do corpo, entre um amor sublime e um rebaixado. O amor romântico alimenta-se da alma e não do corpo.

Deve um estóico se apaixonar?

A virtude, para os estóicos, reside na tranqüilidade da alma. Assim, toda a filosofia não deve ter senão o propósito de aniquilar as perturbações da alma, deixando o espírito livre desses males. Sêneca, o mais conhecido estóico romano, preceptor de Nero — de quem posteriormente recebeu ordem para cometer o suicídio —, expressa-se assim sobre essa tarefa sublime da filosofia: "Vamos pois procurar como é possível a alma caminhar numa conduta sempre igual e firme, sorrindo para si mesma e comprazendo-se com seu próprio espetáculo, prolongando indefinidamente essa agradável sensação, sem se afastar jamais de sua calma, sem se exaltar, sem se deprimir. Isto será tranqüilidade."

Toda perturbação da alma é nociva para a vida do sábio, logo, toda perturbação deve ser aniquilada. Se todo amor for perturbação, então o sábio deve tentar extingui-lo.

O amor para os estóicos admite variações. A maioria dos pensadores estóicos admite que o amor familiar, o casamento e a procriação são indiferentes preferenciais, ou seja, eles devem ser buscados, desde que saibamos que eles não são essenciais para a virtude. Rejeitam, contudo, o amor que causa uma incessante inquietação na exigência e urgência de sua consumação. Esse amor é emoção, *pathos*. Cícero traduz o termo grego *pathos* por *perturbatio*, perturbação que impede a tranqüilidade buscada pelo sábio.

O que deve o sábio fazer quando atacado pelas perturbações da alma? Como e por que extirpá-las? Não poderia o sábio estóico deixar-se por alguns momentos ser levado pela doce sensação da paixão romântica? Não deveria ele, tal como Werther, admitir que nada importará, visto que teve tão grande felicidade na vida? Deveria ele subtrair de sua vida tais delícias, ainda que ilusórias e momentâneas? Os estóicos retomam aqui um tema que já aparece em Platão: dor e prazer são duas faces da mesma moeda. No *Fédon*, Sócrates narra o mito das duas serpentes: a dor e o prazer. Para acabar com sua eterna disputa, Zeus amarrou as duas cabeças, de forma que quem procura uma, encontrará certamente a outra. Não há grande prazer sem dor, ainda que possa ser apenas a angústia da perda do prazer.

Os estóicos concordam com o mito narrado por Sócrates, ao não considerarem possível ficarmos apenas com o prazer, descartando a dor. A escolha pelas inquietações da alma leva tanto às delícias do amor quanto ao desespero da dor. As emoções agradáveis e desagradáveis andam juntas.

Não se pode ter a esperança de obter o prazer sem estar sujeito à ansiedade sobre a possibilidade de obtê-lo e à depressão caso isso se mostre impossível. Ainda que conquistemos o objeto amoroso, a momentânea alegria convive com o temor de perdê-lo, com o ciúme e, pior do que tudo, com a subserviência aos desejos do amado. Assim que pensamos ter o controle sobre o que se nos afigura como bom, caímos novamente na perturbação da alma pelo medo e ansiedade da perda futura. O que não está em poder de nossa vontade não pode, portanto, ser bom em si, nem contribuir para o ideal estóico da *ataraxia*, a ausência de perturbação.

Como se curar dessas inquietações nocivas à virtude? O primeiro passo é considerar que as emoções se baseiam em falsos juízos, falsos julgamentos sobre o que é importante na vida humana e sobre o verdadeiro valor das coisas. As emoções são diferentes da dor, porque envolvem o assentimento voluntário a crenças sobre o valor daquilo que provoca a emoção. Elas podem ser inibidas ou auto-induzidas. Se estamos com raiva de alguém, podemos inibir a raiva pensando que sua ofensa não foi grave, ou que devemos ser indiferentes ao mal causado.

Os estóicos foram pródigos em elaborar exercícios para atingir a tranqüilidade da alma. Segundo o estóico Epictetus, um treinamento importante era analisar o que estava em nosso poder e o que não estava, concedendo valor apenas ao primeiro. Ele ensina seus exercícios da seguinte forma: Saia de casa na primeira luz do dia, examine tudo o que você vê ou ouve e responda como se alguém lhe perguntasse: O que você vê? Um belo rapaz ou uma bela moça? Aplique a regra. Está sujeito à sua vontade? Não: desconsidere-o. O que você vê? Um pai sofrendo pela morte de seu filho. Aplique a regra. A morte não está sujeita à sua vontade. Passe adiante. Você conheceu um cônsul? Aplique a regra. Que coisa é o consulado, sujeito à sua vontade ou não? Não, remova-o também. Jogue-o fora, ele não significa nada para você. Epictetus garante que, se seguirmos esse procedimento todo dia, obteremos bons resultados.

Que conselho daria um estóico àquele que sofre sem poder atenuar sua dor, visto que é incapaz de extirpar sua paixão? Nos acostumamos ao sofrimento, nos diz Sêneca, assim como os escravos acostumam-se aos seus grilhões. A dor de que padecíamos no início tornar-se-á cada vez mais branda, a ponto de, passado algum tempo, já estarmos acostumados a ela: "O melhor título da natureza ao nosso reconhecimento é que, conhecendo todos os sofrimentos para os quais estávamos destinados na vida, para abrandar nossos padecimentos ela criou o hábito que nos familiariza em pouco tempo com os mais rudes tormentos." As pessoas acostumam-se ao sofrimento, assim como os escravos, aos poucos, acostumam-se às correntes que são postas em suas pernas. Não se resistiria à dor, caso a natureza não nos tivesse presenteado com a capacidade de resignação, que torna leves males de início considerados insuportáveis.

Uma outra possível saída estóica seria rir-se dele, ao invés de lamentá-lo. Presta-se melhor serviço ao gênero humano desse modo. "Para quem julga as coisas de um ponto de vista mais superior, uma alma mostra-se mais forte abandonando-se ao riso do que cedendo às lágrimas", ensina Sêneca.

O jardim de Epicuro e a terapia da paixão

A função da filosofia é curar a alma, e isso só é possível com a extirpação das paixões. Esse é um dos mais importantes ensinamentos de Epicuro: "Assim como realmente a medicina em nada beneficia, se não liberta dos males do corpo, assim também sucede com a filosofia, se não liberta das paixões da alma."

Segundo Epicuro, o sofrimento da alma é causado por agitações desta, provocadas por falsas crenças sobre o que tem valor na vida humana. Sua terapia consiste em separar os bons desejos dos ruins, aqueles que causam a cura da alma daqueles que causam sua doença. As pessoas desejam riqueza, luxo, poder, amor romântico e perturbam sua alma na busca por tudo isso. A cirurgia de Epicuro consistiria em remover as causas dessas perturbações — os maus desejos. Como se pode extirpar os desejos que levam à paixão e à dolorosa conturbação da alma? Mostrando que eles estão fundamentados em falsas crenças sobre o que é essencial na vida humana.

O procedimento cirúrgico da alma inicia pela distinção entre desejos naturais e desejos vazios. Os desejos que Epicuro consideraria saudáveis são aqueles que pertencem à nossa natureza. Natureza aqui deve ser entendida não como oposta ao artificial, mas como o que não é excessivo. Os desejos não-naturais seriam aqueles que causariam uma dolorosa agitação da alma, por serem excessivos e não encontrarem satisfação estável. As operações naturais do desejo têm um limite, podendo ser satisfeitas exatamente porque suas exigências não são exorbitantes ou impossíveis. O desejo de imortalidade não seria um desejo natural, pois seu objeto de satisfação é impossível. A ambição por dinheiro ou glória também não proviria de um desejo natural, pois não tem um limite definido de satisfação, visto que o ganancioso quer sempre mais bens, e o ambicioso, mais poder e glória. "Nem a posse das riquezas, nem a abundância das coisas, nem a obtenção de cargos ou o poder produzem a felicidade e a bem-aventurança — produzem-na a ausência de dores, a moderação nos afetos e a disposição de espírito que se mantenha nos limites impostos pela natureza", afirma Epicuro.

O desejo típico do amor romântico, de se unir ao ser amado, seria um desejo natural ou vazio? Deveria um epicurista se apaixonar? Epicuro inverte o discurso do *Banquete*, no qual o amor do corpo é aquele ruim e vulgar e o amor da alma é o sublime. O amor romântico seria, ao contrário, uma perversão do desejo sexual natural, baseado numa concepção errônea de que esse desejo deve ser difícil de satisfazer.

Podemos entender sua opinião em relação ao amor não-natural, por oposição ao desejo natural satisfeito, através de um paralelo com o desejo natural por comida. O ser humano necessita apenas não passar fome e não deixar seu corpo ficar mal nutrido. Esse objetivo pode ser satisfeito com uma quantidade pequena de comida, sem o excesso dos banquetes. Assim é o jardim de Epicuro, onde se cura a fome e a sede com pão e água, sem necessitar dos excessos do vinho e da comida exorbitante: "Encontrarás nesta casa um mestre hospitaleiro, humano e gracioso, que te receberá com pão branco e te servirá abundantemente água clara, dizendo-te: Não foste bem tratado? Estes jardins não foram feitos para irritar a fome, mas para apaziguar, não foram feitos para aumentar a sede com a própria bebida, mas para curar por um remédio natural e que nada custa. Eis aqui a espécie de prazer em que tenho vivido e em que envelheci."

O desejo sexual, assim como a fome, podem ser satisfeitos facilmente se compreendermos que não se necessita de muito para satisfazê-los. Apenas "pão branco e água clara" são suficientes para gozar das delícias do jardim de Epicuro. Aí, a paixão romântica deve ser substituída pelo calmo gozo dos prazeres.

Descartes e as paixões da alma

Para Descartes, o ser humano é uma união de duas substâncias: a *res cogitans*, uma substância pensante, e a *res extensa*, uma substância extensa. As paixões da alma são modos dessa união, envolvendo, portanto, tanto o corpo quanto a alma. Existem seis paixões primitivas: a admiração, o amor, o ódio, o desejo, a alegria e a tristeza.

O que são paixões e qual sua função? No texto *As paixões da alma*, nos é dito que as paixões são percepções, sentimentos ou emoções da alma, que se relacionam a ela especificamente e são causadas e fortalecidas pelo movimento dos espíritos. Elas são percepções, no sentido de serem distintas das ações da alma e da vontade, e, portanto, passivas. Elas se referem diretamente à alma, ao contrário de outras percepções que aludem tanto aos objetos exteriores, como sons e cores, quanto ao nosso próprio corpo, tais como a dor e a sede.

A teoria das paixões da alma baseia-se numa interessante fisiologia do século XVII, na qual a interação entre corpo e alma se fazia através de fluidos chamados espíritos animais. Temos aí uma explicação mecanicista das emoções. Os espíritos, substâncias rarefeitas, estão contidos nas cavidades do cérebro e, ao serem ativados, percorrem os nervos, incitando um certo tipo de ação. Na paixão do medo, por exemplo, os espíritos vão do cérebro para os nervos, que movem as pernas para fugir.

Suponhamos que um animal se aproxime. Através dos olhos e das fibras óticas, uma imagem do animal se forma no cérebro. Tal imagem colocaria em movimento os espíritos, que percorrem os nervos e incitam as pernas a fugir. Ao mesmo tempo, os espíritos são mandados de volta ao cérebro para fortificar a paixão do medo.

O amor também implica um caminho específico dos espíritos. A impressão que a imagem do ser amado provoca na mente incita os espíritos animais a percorrer o corpo, fazendo com que o sangue corra em abundância, enviando novamente os espíritos com mais força ao cérebro. Isso fortalece a primeira imagem do objeto amado, forçando a alma a permanecer nesse pensamento. (Ver Seleção de textos.)

O principal efeito das paixões nos seres humanos, portanto, é preparar o corpo para aquilo que elas incitam a alma a querer. No medo, elas preparam o corpo para fugir do que representa uma ameaça, no amor elas o preparam para se aproximar do seu objeto amoroso. A concorrência dos processos fisiológicos nas paixões implica a ocorrência de "sintomas" específicos de cada uma. Uma dessas conseqüências é a mudança do olhar e da expressão facial. Mesmo aqueles que consideram a teoria fisiológica cartesiana bizarra não poderiam negar que o amor provoca modificações no olhar e que a raiva provoca modificações faciais.

Um outro efeito do amor é a languidez. Descartes nos fornece uma explicação detalhada para esta. Se o amor é a tendência a nos unirmos a quem amamos, como pode provocar languidez, o extremo oposto da ação em direção ao objeto amoroso? Esse efeito só é notado no amor unido ao desejo de algo que não podemos obter no momento. O amor então ocupa a alma de forma a empregar todos os espíritos do cérebro para manter a imagem do ser amado, impedindo todos os movimentos que não sirvam a esse propósito. Quanto ao desejo, ele só torna o corpo mais móvel se há uma crença na possibilidade de obtenção do que se deseja. Se imaginarmos que tal é impossível, ao menos naquele momento, a agitação dessa paixão permanece no cérebro, sem passar aos nervos. Como conseqüência, há um fortalecimento da imagem do amado e uma inatividade dos nervos, que dá origem à languidez. (Ver Seleção de textos.)

Todos os amores são do mesmo tipo? Não poderíamos diferenciar, como o faziam os antigos, entre um amor de concupiscência (amor/*eros*) e um amor de benevolência (amor *philia* ou *caritas*)? As *Paixões da alma* parecem recusar essa distinção, segundo a qual o amor de benevolência incita a querer o bem para quem se ama e o amor de concupiscência nos leva a desejar aquilo que se ama. Isso seria uma falsa questão, pois queremos o bem para aqueles com os quais nos unimos voluntariamente e desejamos nos unir àquilo que consideramos bom. Querer o bem de alguém e desejá-lo são ambos parte da essência do amor. Essa paixão, contudo, admite graus segundo a estima que nutrimos por aquele que amamos. Assim, se temos menos estima pelo objeto do nosso amor do que por nós mesmos, então temos por ele *afeição*. Se o estimamos como a nós mesmos, tal é denominado *amizade* e quando temos mais estima pelo objeto do que por nós mesmos, isso se chama devoção. Podemos ter afeição por um pássaro, mas nutrimos amizade apenas pelos seres humanos. Quanto à devoção, ainda que seu principal objeto seja Deus, é possível ter devoção por um príncipe ou mesmo por um homem particular, se uma grande estima for a ele dedicada.

Essas três espécies de amor mostram sua distinção nos seus diferentes efeitos. Mesmo que em todas essas espécies queiramos nos unir à coisa amada, caso uma das partes seja ameaçada, sempre abandonamos a menor parte e preservamos a maior parte de um todo. Na afeição, preferimos a nós próprios, enquanto na devoção preferimos a coisa amada a nós. A devoção pode, então, levar-nos a arriscar a vida por aquele que amamos. (Ver Seleção de textos.)

As paixões exibem uma tendência do corpo a se unir àquilo que a alma representa como desejável. Contudo, deve-se distinguir amor e o ódio, que são causados pelos movimentos dos espíritos, os quais incitam o sujeito a unir-se ou separar-se do objeto que parece ser agradável ou desagradável, dos juízos que também induzem a alma, através de seu livre-arbítrio, a se unir com as coisas que ela estima serem boas e se separar das coisas que ela toma por ruins.

Podemos ter controle sobre as nossas paixões? Não, segundo Descartes, sendo que a razão que impede a alma de mudar ou mesmo acabar com as paixões é que não apenas elas são causadas pelos espíritos, mas são igualmente mantidas por eles. As paixões são acompanhadas do movimento dos espíritos. Enquanto há esse movimento, elas continuam presentes na nossa alma, assim como um objeto é presente enquanto eles impressionam nossos sentidos, pois elas são sempre acompanhadas por alguma perturbação que acontece no coração e, conseqüentemente, também através do sangue e dos espíritos animais. Visto que eles possuem um elemento corporal, quando o amor é excitado, não há possibilidade de um controle racional deste. Nós podemos controlar as paixões mais fracas, mas não as mais violentas, ao menos não até que o movimento do sangue e dos espíritos tenha cessado, afirma Descartes: "E tal como a alma, tornando-se atenta a algo outro, pode impedir-se a ouvir um barulho ou uma dor fracos, mas não pode impedir-se de ouvir um trovão ou sentir um fogo que queima a mão, assim ela pode facilmente superar as paixões fracas, mas não as mais violentas e mais fortes, a não ser depois que as emoções do sangue e dos espíritos foram acalmadas."

A única coisa que podemos fazer enquanto permanece o movimento dos espíritos é refrear os movimentos aos quais a paixão dispõe o corpo. Se somos levados pela paixão do medo a fugir, podemos refrear esse impulso, se a raiva tende a fazer a mão levantar, podemos voluntariamente inibir esse movimento. Se o amor nos incita a buscar a companhia do amado, podemos impedir as nossas pernas de se dirigirem a ele. Contudo, a aniquilação do sentimento do amor não depende da nossa vontade.

O componente fisiológico em Descartes nos lembra uma interessante metáfora de Galeno, médico grego, um opositor à possibilidade de um controle voluntário das paixões. Como um carro que desce uma rampa levado pelo seu próprio *momentum*, impossível de ser parado neste movimento, na medida em que as paixões são despertadas, elas descem a rampa levadas pelo próprio impulso, impossíveis de serem extintas por um simples ato da vontade.

Kant: paixões e afetos como doenças da mente

Kant é um defensor, na sua *Doutrina da virtude*, do amor/*caritas*, compreendido como amor de beneficência. Longe de ser um amor/*eros*, ou o amor/*philia*, o amor/*caritas* deve ser considerado um princípio prático: um dever de fazer o bem e ajudar o próximo a partir do qual o afeto pelos outros pode, inclusive, ser despertado. Não é necessário para tal amar sensivelmente e, devido a isso, fazer o bem, mas fazer o bem e, através deste hábito caridoso, despertar sentimentos de benevolência em relação ao ser humano. A excelência moral reside no fazer o bem, mesmo na ausência de qualquer amor sensível ou inclinação em relação ao outro. O amor/*caritas*, ou beneficência, encontra aqui sua forma mais depurada, que independe de qualquer inclinação sensível. O sentimento de simpatia pode, por sua vez, também ser utilizado pelo agente para impulsionar ações morais nas quais o respeito pela lei moral não era um móbil suficiente. Tem-se, neste caso, uma moral provisória que, empiricamente, pode e deve utilizar esses sentimentos de prazer e desprazer pela sorte alheia para fomentar boas ações até a nossa razão ter amadurecido o suficiente para não mais precisar deles.

Se Kant faz o elogio do amor/*caritas*, ele é crítico do amor/*eros*. Tanto o que ele denomina de afeto quanto o que é chamado de paixão são criticados como doenças da razão, ainda que os efeitos negativos do afeto sejam menores do que a persistência e inversão de máximas na paixão. Kant explica metaforicamente as diferenças entre afeto e paixão: enquanto o afeto atua como a água que rebenta uma barreira, a paixão age como um rio que cava cada vez mais fundo no seu leito; se o afeto age sobre a saúde como um ataque de apoplexia, a paixão assemelha-se à tuberculose que consome. O afeto é como uma bebedeira que nos faz dormir, seguida de uma terrível dor de cabeça no outro dia, mas a paixão é tal como a ingestão de veneno, que não tem cura definitiva, mas apenas remédios paliativos. (Ver Seleção de textos.)

O amor-afeto deve ser diferenciado do amor-paixão, visto que a paixão, ainda que violenta, pode coexistir com a razão, pois é deliberativa a fim de atingir sua finalidade. O amor-afeto ainda difere do amor-paixão quanto à intensidade, duração e grau de periculosidade. O primeiro é mais intenso, porém dura menos e é menos perigoso do que o segundo. Por essa razão, Kant afirma que, onde há muito afeto, há pouca paixão, visto que emoções tempestuosas esgotam-se rapidamente, o que não permite a fria avaliação da situação vivida e a deliberação sobre meios para atingir o fim: o afeto é sincero e não se deixa dissimular, a paixão geralmente se oculta. Enquanto o afeto é uma genuína explosão de emoções, a paixão pode, por sua vez, coexistir com a dissimulação.

A inocência do amor-afeto, comparado com o ardil do amor-paixão, pode ser constatada na seguinte situação descrita por Kant. Um apaixonado sério é acanhado, canhestro e pouco à vontade na presença da amada. Aquele, todavia, que, tendo certo talento, apenas se faz de apaixonado, pode desempenhar seu papel tão naturalmente que ele pega a pobre moça em sua armadilha; isso porque seu coração está despreocupado, sua mente está límpida e ele está no pleno comando do livre uso da sua destreza e força.

O amor-afeto assemelha-se mais ao apaixonar-se ou enamorar-se de alguém, denotando um amor romântico, incontrolável quanto às suas manifestações e cego em relação aos seus objetos. Sendo assim, aquele que ama pode manter a sua visão intacta, porém aquele que se apaixona — alerta Kant — é cego em relação aos defeitos do objeto amado, ainda que o último recobrará sua visão uma semana depois do casamento.

A emoção de uma pessoa apaixonada assemelha-se, portanto, aos afetos kantianos. O termo paixão é reservado para atitudes mais deliberativas, podendo coexistir com a mais ardilosa dissimulação, desde que isso, como no exemplo acima, possa contribuir para obter um determinado objeto de desejo. Por essa razão, Kant afirma que as paixões não são como os afetos; esses, ao menos, convivem com uma boa intenção de aperfeiçoamento, aquelas rejeitam qualquer tentativa de melhora. Tal é o caso quando uma pessoa age conforme um forte afeto, o que caracteriza apenas uma fraqueza da vontade, enquanto a paixão pressupõe uma máxima de agir de acordo com um princípio prescrito segundo sua inclinação. A paixão do amor, todavia, possui uma vantagem frente às outras paixões tais como ambição, vontade de poder e cobiça, as quais são doenças da razão porque possuem um caráter permanente, já que, segundo Kant, não são jamais satisfeitas. A paixão do amor cessa quando o desejo, ou o amor físico, é satisfeito. Ela está ligada ao desejo físico que busca sua realização, não tendo a persistência das outras paixões culturais, já que, uma vez atingido seu objetivo, ela se extingue.

Se é possível enlouquecer devido à obsessão das outras paixões, a expressão "enlouqueceu de amor" contém algo de inverossímil, pois quem enlouquece devido à recusa do ser amado já estava anteriormente perturbado a ponto de ter escolhido a pessoa errada como objeto de seus afeto e desejo. Tal era o caso, comum no século XVIII, de pessoas que se apaixonavam por outras de nível social superior. Segundo a prudente visão kantiana, apaixonar-se por uma pessoa de uma classe social mais alta e esperar desta a loucura de um casamento não é a causa, mas a conseqüência de uma prévia perturbação.

Ainda que mesmo as formas mais violentas de amor não sejam tão prejudiciais à moralidade quanto às paixões da ambição, cobiça e vontade de poder, o amor, quando não ligado à benevolência e simpatia, é um fenômeno no mínimo distinto da moralidade, visto que implica um sentimento entre pessoas desiguais. Ou, como escreve Kant numa das suas *Reflexões* agrupadas no *Nachlass* sobre antropologia: "Nós precisamos mais ser honrados do que amados, mas nós também precisamos algo para amar com que não estejamos em rivalidade. Então amamos pássaros, cachorros ou uma pessoa jovem, inconstante e querida."

Ainda que, aparentemente, essa afirmação denuncie um preconceito da época relativamente à inferioridade feminina, numa outra anotação, Kant afirmaria que homens e mulheres possuem uma recíproca superioridade um em relação ao outro. Ainda que a superioridade de cada um seja relativa a aspectos diferentes, a recíproca desigualdade é o que estimula e promove o amor como afeto ou paixão.

Somado à dificuldade do controle pela razão, o fato desses sentimentos necessitarem de uma idéia de desigualdade indica que seu *locus* é estranho à moralidade, a qual consiste em considerar o outro como igual e promover sua felicidade.

A abordagem contemporânea: os aspectos cognitivos e fisiológicos do amor

Muito tem sido discutido contemporaneamente sobre emoções e tal elaboração influencia o que pensamos hoje sobre o amor. A maioria dos autores contemporâneos (De Souza, Solomon, Griffiths, Elster) admite que as emoções apresentam, entre outros, os seguintes componentes: relacionam-se com o prazer ou a dor; expressam uma qualidade sensível específica; apresentam modificações fisiológicas associadas; são sobre algo, ou seja, são atitudes proposicionais e induzem ações específicas. Nem todas as emoções possuem a totalidades dessas características. É possível pensar que emoções mais sutis, tais como vergonha ou inveja não exibam, por exemplo, modificações fisiológicas. Além disso, nenhum aspecto é por si só definidor de uma determinada emoção. Mais do que uma emoção pode ter a mesma modificação associada; amor e medo podem, por exemplo, induzir à aceleração dos batimentos cardíacos. Talvez a única característica inerente a todas as emoções seja o fato de serem uma determinada atitude proposicional, dirigidas a um objeto intencional, isto é, são dirigidas a algo externo a elas.

Vamos, a seguir, examinar as características das emoções, ressaltando as que estão presentes no amor.

Relação a prazer e dor. As emoções têm uma valência hedonista, são caracterizadas por um sentimento de prazer ou dor. Se elas são experimentadas como prazer, as tomamos como algo desejável e que contribui para a nossa felicidade. Se elas são experimentadas como algo doloroso, elas não são desejáveis e contribuem para nossa infelicidade. Nesse sentido, as emoções, como bem já notara Descartes nas *Paixões da alma*, são diferentes das avaliações racionais que fazemos sobre algo. A vontade pode considerar algo racional unir-se a alguém, sem experimentar o prazer do amor quando estamos junto a essa pessoa. Ainda que algumas emoções, como a vergonha ou arrependimento, estejam dissociadas de claras manifestações fisiológicas, elas não dispensam o elemento do prazer ou dor.

Qualidade sensível específica. Emoções são algo que sentimos em nós e possuem uma característica específica. Ainda que possuam uma valência hedonista, elas diferem da mera dor e prazer físico. Elas são sensações, mas não sensações localizáveis fisicamente.

A fisiologia das emoções. A idéia que emoções são acompanhadas por uma agitação mental e física não é nova. No clássico de Shakespeare, Polonius já advertia sua filha Ofélia sobre a influência da fisiologia nas juras de amor de Hamlet: "Quando o sangue ferve, como a alma torna a língua pródiga em votos."

A teoria das paixões em Descartes já antecipava o que a filosofia contemporânea admite: as perturbações fisiológicas são elementos constitutivos das emoções. O filósofo William James radicaliza essa concepção ao afirmar que a sensação da emoção nada mais é do que a percepção de perturbações fisiológicas. Não haveria emoção se retirássemos desta as sensações de agitação, tremor, rubor etc. James chega mesmo a inverter a ordem causal entre a emoção e sua perturbação fisiológica associada. Não choramos porque estamos tristes, ele afirma, mas estamos tristes porque choramos. Sentir tristeza não seria a causa da reação fisiológica, mas, ao contrário, a nossa experiência desta reação.

Sabe-se hoje que aquelas descrições do interessante poema de Safo (ver p.8), não são apenas invenções literárias, mas modificações que são induzidas pela paixão do amor. Os estudiosos admitem que a paixão do amor causa efeitos no sistema nervoso autônomo: aumento de batimentos cardíacos, garganta seca, dificuldade para respirar e aumento de temperatura. Assim a febre que percorre o corpo daquele que ama não é uma ilusão literária, mas um efeito do amor no sistema nervoso autônomo.

Várias são as substâncias que estão implicadas no circuito das emoções. Primeiramente, temos os hormônios sexuais, tais como testosterona, estradiol e progesterona. Além disso, as emoções estão associadas a neurotransmissores, como dopamina e serotonina, às endorfinas, que têm um efeito opiáceo e à feniletilamina, cujo efeito é próximo à anfetamina. A sensação de euforia descrita pelos amantes também é causada por esta última substância. O bem-estar que sentimos na proximidade do amado pode estar relacionado com aumento de serotonina e dopamina. A perda do objeto amoroso e conseqüente supressão desta substância pode causar a mesma dor e desconforto físico que sente um viciado em drogas em síndrome de abstinência.

John Elster, no livro *Strong Emotions and Addiction*, estabelece um paralelo entre emoções fortes e os sintomas físicos causados pela ingestão de drogas. O arrebatamento amoroso, provocado pela crença de que somos correspondidos, possui os mesmos sintomas causados pela ingestão de anfetamina: aumento de energia, falta de fome e sono, consciência aguçada. A desilusão amorosa induz aos mesmos sintomas da privação desta substância, principalmente o humor deprimido. (Ver Seleção de textos.)

Emoções como atitudes proposicionais. As emoções são sobre algo externo a elas. Assim, não há sentido dizer que se está com raiva sem dizer raiva de quê ou quem; não há sentido em amar sem um objeto de amor. Segundo a escola da atitude proposicional, emoções envolvem ocorrências de estados mentais que representam um estado de coisas no mundo. Tal escola enfatiza a abordagem cognitiva da emoção, tomando um determinado aspecto do pensamento, centralmente uma crença, como central para o conceito de emoção e essencial para distinguir uma emoção da outra.

Um dos primeiros expoentes dessa escola foi Anthony Kenny, segundo o qual um estado fisiológico sem um objeto intencional, ou que não leva a um determinado comportamento, não pode ser tomado como emoção. Não haveria sentido em pensar que alguém pode sentir medo sem acreditar que está em perigo ou exibir um comportamento de evitar o perigo. Segundo esse autor, enquanto a relação entre emoção, estados mentais e ação é conceitual e serve como critério para atribuição de emoção, a relação entre emoção e estados fisiológicos é simplesmente contingente e empírica. Conteúdos mentais seriam essências para as emoções, enquanto estados fisiológicos são apenas aspectos contingentes. Não haveria contradição em supor uma emoção sem esses aspectos, mas haveria contradição numa emoção sem objeto intencional.

Kenny defende que emoções são estados intencionais, dirigidos a objetos de uma classe particular. Assim, a emoção da inveja teria como objeto formal os bens de outrem; a gratidão, o bem que foi feito a si por outrem; o medo, o perigo. Kenny relembra Aristóteles: raiva é o desejo de vingança daquilo que é considerado como um insulto.

A visão da escola da atitude proposicional pode ser enunciada da seguinte forma: quando uma emoção E tem a classe de As como seu objeto formal, o sujeito deve acreditar ou desejar que algo é um A para ter tal emoção E. Se alguém não acredita que algo é perigoso, então essa pessoa não possui um estado no qual o perigo é seu objeto formal, logo não pode estar com medo.

A teoria da atitude proposicional refere-se à sua visão como uma visão cognitiva das emoções, em oposição a uma teoria dos sentimentos. Uma teoria de atitude proposicional afirma que os fenômenos emocionais podem ser explicados segundo crenças e desejos que informam as ações humanas.

A teoria dos sentimentos diria que emoções são experiências introspectivas, caracterizadas pela qualidade e intensidade da sensação. A identidade da emoção dependeria dessa qualidade.

Os defensores da atitude proposicional citam, em oposição aos defensores da teoria dos sentimentos, o experimento de Schachter/Singer para fundamentar sua visão. Nesse experimento, pessoas foram injetadas com adrenalina para produzir excitação fisiológica. Os sujeitos foram submetidos a uma gama de condições com o propósito de fornecer cenários apropriados para diferentes emoções. As emoções que foram relatadas pelos agentes refletiram o cenário. Como conclusão, temos que as emoções são classificadas de acordo com o ambiente e não com a qualidade particular da excitação fisiológica que a acompanha.

Próxima à teoria da atitude proposicional, temos as teorias valorativas, que podem ser vistas, entre outros, em Solomon. Robert Solomon defende no livro *The Passions* que as emoções são juízos sobre nós e nosso lugar no mundo, a projeção de valores e ideais, estruturas e mitologias sobre nosso mundo. Segundo ele, emoções seriam juízos de valor não-verbais. Tem-se uma conexão estreita entre emoções e crenças valorativas. Assim, nós amamos, admiramos ou invejamos aquilo que nós valorizamos. Ao contrário, nós odiamos, tememos, sentimos vergonha daquilo que consideramos um mal. As emoções não teriam sentido sem esse componente valorativo. A asserção "Estou com raiva do meu amigo" diz algo não apenas a meu respeito, mas indica uma avaliação negativa deste. Seria um erro lingüístico dizer "estou com raiva do meu amigo, mas eu não creio que ele possa ser criticado de forma alguma."

Disposição à ação. Numa linha que remonta a Charles Darwin, alguns teóricos, tais como Gilbert Ryle defendem que o comportamento observável, e não uma experiência privada, deve ser a base para analisar as emoções. Emoções não seriam estados mentais privados, visto que observamos emoções em outros pelo seu comportamento e, às vezes, descobrimos nossos verdadeiros sentimentos através da observação de nossas ações. Podemos, por exemplo, nos dar conta de que estamos apaixonados ao falar constantemente de alguma pessoa em particular. Se emoções fossem estados privados, deveríamos chegar à conclusão inaceitável e paradoxal que nunca podemos nos enganar sobre as nossas próprias emoções e nunca podemos ter um conhecimento confiável das emoções dos outros.

Segundo Ryle, a filosofia deve descobrir as formas lógicas de nossa linguagem ordinária, ou seja, examinar como termos particulares devem ou não ser usados. Se quisermos saber o que é raiva, não devemos entrar numa especulação metafísica sobre isso, mas examinar sob que condições é apropriado e útil dizer que alguém está com raiva. No seu livro *The Concept of Mind,* ele defende que nossa mente não é um fantasma dentro de uma máquina, algo dentro de nós, completamente protegido do olhar dos outros. Nós não utilizamos os termos sentimento, emoção para nos referirmos a algo que acontece totalmente dentro de nós, completamente apartado do escrutínio dos outros.

Emoções são disposições a agir de uma forma determinada. Se dissermos que João está bravo, isso significa que ele provavelmente vai gritar, ruborizar, bater em pessoas, quebrar coisas e esbravejar.

Elster nos dá uma lista da tendência à ação das diversas emoções. A culpa é a tendência a reparar o dano, a confessar ou a se punir. A tendência associada à inveja é destruir o objeto invejado ou aquele que o possui. A raiva leva à destruição daquela pessoa que lesou a nós ou a outrem. O ódio é a tendência a fazer o objeto da emoção desaparecer da face da terra. Qual seria a tendência à ação do amor? Seria a tendência a estar em companhia do objeto amado. Tal já era indicado no elixir tomado por Tristão e Isolda, o qual fazia com que aqueles que o bebessem padecessem de um amor tão intenso que não poderiam ficar longe um do outro mais do que um dia sem sofrer e mais do que uma semana sem correr o risco de morrer.

A tendência a buscar a companhia do objeto amoroso é o que torna difícil a erradicação da paixão, quando esta se nos afigura um mal. Aquele que ama e quer fugir desse amor cai numa armadilha, pois a cura só pode ser dada pelo afastamento do objeto amoroso e, ao mesmo tempo, seu amor é a busca dessa companhia.

Início súbito e ponto de não-retorno. As emoções possuem um início súbito. Esta característica é válida principalmente para emoções mais viscerais tais como raiva, medo e amor. A capacidade das emoções serem ativadas rapidamente atende a seu papel na evolução e desenvolvimento da espécie. Era importante para os nossos antepassados uma reação rápida para fugir dos perigos, reação que era incitada pelo medo. Em recentes trabalhos sobre a emoção do medo, foi mostrado que existem dois trajetos diferentes entre os estímulos sensoriais e apenas um passa pela parte do cérebro que é capaz de fazer avaliações cognitivas. O outro caminho vai dos estímulos sensoriais diretamente para as respostas emocionais, sendo bem mais rápido do que aquele. Se entrarmos numa floresta e ouvirmos um barulho, antes de reconhecermos aquele barulho como de um graveto seco quebrando-se, através do caminho que passa pelo córtex, o medo é incitado em nós pelo caminho que não passa por este centro. Do ponto de vista da sobrevivência, é melhor responder a potenciais perigos, mesmo que não sejam perigos reais, do que falhar em dar uma rápida resposta.

Não apenas o medo, mas emoções como raiva e amor também apresentam essa propriedade de serem rapidamente despertados. Contudo, a eclosão desses sentimentos nem sempre é precedida de uma consciência a respeito deles. Um dos pontos interessantes do amor, descrito em muitos romances e experimentado na nossa vida comum, é que o ponto de consciência é posterior temporalmente ao ponto de não-retorno. Tal posteridade temporal da consciência sobre a eclosão do sentimento implica que, quando nós nos damos conta de estarmos apaixonados por alguém, não temos mais controle sobre esse sentimento e não podemos fazê-lo regredir, pois já passamos o ponto de não-retorno. (Ver Seleção de textos.)

Montaigne nos alerta, a respeito das emoções, que devemos manter os nossos olhos bem abertos no seu despertar, pois aí elas ainda são fracas, não apresentando nenhum perigo, mas logo que elas cresçam e se tornem fortes, é difícil encontrar a cura para elas.

Emoções e modalidade. Emoções são causadas por crenças que apresentam uma determinada modalidade. Algumas são ativadas por crenças no modo da certeza. Outras o são por crenças no modo da possibilidade ou probabilidade. Este é o caso da esperança, medo, ciúme e para alguns, também do amor. Essas emoções são geradas pelo pensamento de que coisas boas ou ruins podem acontecer no futuro ou que possam ser o caso no presente. Esse estado de coisas desejável, no caso do amor ou esperança, ou indesejável, no caso do ciúme ou medo, devem ser mais do que logicamente possíveis, devem ser pensados como prováveis. Marianne, personagem do romance *Razão e sensibilidade*, de Jane Austen, ao ser indagada pela sua irmã Elinor sobre como pode acreditar no amor de Willoughby, sem que este jamais o tenha declarado ou pedido sua mão, responde que teve certeza pela sua voz, pelas suas maneiras, pelo seu olhar. Ainda que, na concepção da sensata Elinor, tais pretensos sinais de afeto jamais pudessem ter sido tomados por amor, muito menos justificado expectativas, bem como as cartas de sua romântica irmã, não é menos verdade que tais sinais foram suficientes para Marianne acreditar ao menos na possibilidade do amor de Willoughby.

Conclusão

A função da filosofia é curar o espírito, assim como a da medicina é curar as doenças do corpo. Parte do objetivo deste livro foi fazer a filosofia falar sobre o amor para curar as almas enfermas. Que aqueles que sofrem desse mal tenham podido encontrar algum alívio ou distração nos mitos de Platão, na terapia do prazer de Epicuro, nas advertências de Kant, na teoria das paixões de Descartes. Talvez alguns tenham extirpado suas paixões através dos exercícios estóicos, ou foram convencidos pela filosofia contemporânea que o amor nada mais é do que atitudes proposicionais acompanhadas de perturbações fisiológicas. Mas para os que são imunes à cura desses remédios que a filosofia pode oferecer, pois seu mal é incurável, consolem-se com o sábio comentário de Nelson Rodrigues: "Um grande amor, mesmo não correspondido, é uma graça inefável."

Seleção de textos

O elixir do amor

Vocês beberão juntos o filtro do amor e, a partir do momento em que o tiverem bebido, vocês se amarão com todas as forças e com toda a sua alma, de um amor irresistível e perfeito. Durante três anos, vocês não terão nem mesmo o poder de se separar mais do que um dia sem sofrer e mais do que uma semana sem correr o risco de morrer.

...

A partir do momento que os dois jovens beberam deste vinho, o amor, tormento do mundo, penetrou nos seus corações. Antes que eles se dessem conta, ele os submeteu ao seu jugo. O rancor de Isolda desvaneceu-se e nunca mais eles foram inimigos novamente. Eles já se sentiam ligados um ao outro pela força do desejo, e no entanto, eles se escondiam um do outro. Apesar da violenta atração que os impelia num mesmo desejo, eles igualmente estremeciam no temor da primeira confissão do seu amor.

Tristão e Isolda

Da diferença que há entre a simples afeição, a amizade e a devoção

Pode-se, parece-me, com razão, distinguir o amor pela estima que se tem por aquele que se ama, em comparação a si mesmo, pois quando se estima o objeto de amor menos que a si mesmo, tem-se por ele apenas uma simples afeição; quando a estima iguala-se à estima que se tem por si mesmo, denomina-se amizade; e quando se estima o objeto enormemente, tem-se a paixão que pode ser denominada devoção. Desta forma, pode-se ter afeição por uma flor, por um pássaro ou por um cavalo, mas, com exceção dos espíritos desregrados, pode-se ter amizade apenas pelos homens. (...) Em relação à devoção, seu principal objeto é, sem dúvida, a soberana Divindade, da qual não se poderia deixar de ser devoto na medida em que a conhecemos de forma correta; mas pode-se também ter devoção por um príncipe, por seu país, por sua cidade e mesmo por um homem particular, quando se o estima bem mais do que a si mesmo. A diferença entre as três formas de amor aparece principalmente nos seus efeitos, pois na medida que em todas se considere como unido e ligado ao objeto amado, está-se sempre pronto a abandonar a menor parte do todo que se compõe com ele para conservar a outra, o que faz com que na simples afeição prefere-se sempre a si mesmo que ao que se ama; e que, ao contrário, na devoção, prefere-se de tal forma o objeto amado que não se teme morrer para conservá-lo. Vêem-se freqüentemente exemplos daqueles que se expõem à morte para defender seu príncipe ou sua cidade, e até mesmo, algumas vezes, para a defesa de pessoas particulares aos quais são devotadas."

Descartes, *Paixões da alma*, art. 83

O movimento do sangue e dos espíritos no amor

"Estas observações e tantas outras que seria demasiado longo descrever, me fizeram crer que, na medida em que o entendimento se representa algum objeto de amor, a impressão que este pensamento causa no cérebro conduz os espíritos animais pelos nervos do sexto par em direção aos músculos que circundam os intestinos e o estômago, de forma a fazer com que o suco das carnes, que se converteu em sangue novo, passe rapidamente em direção ao coração sem se deter no fígado. Sendo conduzido ao coração com mais força do que aquele sangue que está em outras partes do corpo, ele aí penetra em maior abundância e excita um maior calor, visto que é mais espesso do que aquele que já foi rarefeito várias vezes ao passar e tornar a passar pelo coração. Tal faz com que ele envie os espíritos ao cérebro, [espíritos] cujas partes são mais espessas e mais agitadas do que o normal, e estes espíritos, fortalecendo a impressão feita pelo primeiro pensamento sobre o objeto amado, obrigam a alma a se deter neste pensamento, e é nisso que consiste a paixão do amor."

Descartes, *Paixões da alma*, art. 102

Da languidez, e como ela é causada pelo amor e pelo desejo

"A languidez é uma disposição a relaxar e ficar sem movimento, que é sentida em todos os membros. Ela provém, da mesma forma que o tremor de que não sejam conduzidos espíritos suficientes aos nervos, mas de uma forma diferente: pois a causa do tremor é que não há espíritos suficientes no cérebro para obedecer às determinações da glândula quando ela os impulsiona em direção a algum músculo, enquanto a languidez provém do fato de que a glândula não os determina a ir a nenhum músculo de preferência a outros."

Descartes, *Paixões da alma*, art. 119

"E a paixão que causa mais facilmente este efeito é o amor, unida ao desejo da coisa cuja aquisição não é imaginada como possível no presente, pois o amor ocupa de tal forma a alma a considerar o objeto amado, que emprega todos os espíritos que estão no cérebro para representar sua imagem, e interrompe todos os movimentos da glândula que não servem a este efeito."

Descartes, *Paixões da alma*, art. 120

Afeto e paixão

"O afeto age como a água que rompe a barragem; a paixão como um rio que cava cada vez mais fundo no seu leito. O afeto age sobre a saúde como uma apoplexia, a paixão, como uma tuberculose ou extenuação. O afeto é como uma embriaguez que nos faz dormir, ainda que seja seguido por uma dor de cabeça, mas a paixão é uma doença advinda de ingestão de veneno ou uma deformidade, que necessita de um médico da alma, interno ou externo, que saiba prescrever, não algo radical, mas apenas remédios paliativos."

Kant, *Antropologia do ponto de vista pragmático*, 7: 252

"Paixões são tumores malignos da razão prática pura e na maioria das vezes, incuráveis, pois o doente não quer se curar e se colocar sob o domínio do princípio, apenas através do qual isso poderia ocorrer."

Kant, *Antropologia do ponto de vista pragmático*, 7:266

A luta de vida e morte

"A apresentação de si como pura abstração da autoconsciência consiste em se mostrar como pura negação de sua maneira de ser como as coisas, ou em mostrar que não está ligada a nenhum ser-aí determinado, à singularidade universal do ser-aí, que não está ligada à vida. Essa é uma operação dupla: ação do outro e ação através de si mesmo. Enquanto é uma ação do outro, cada um tende à morte do outro. Aqui se apresenta também a segunda operação, a ação através de si mesmo, pois aquela encerra o risco da própria vida. A relação das duas autoconsciências é determinada de forma que elas se provem a si mesmas e em relação à outra através da luta de vida e morte. Elas devem se engajar nessa luta, pois devem elevar a certeza de si mesmo, de ser para si, à verdade, em si mesmas e na outra."

Hegel, *Fenomenologia do espírito*

Michael Liebowitz e a química do amor

"Como ilustração, deixe-me tomar a sugestão de Michael Liebowitz que a 'química do amor' assemelha-se à das anfetaminas. Sabemos bastante sobre a neurofisiologia das anfetaminas e como elas produzem os efeitos característicos de uma consciência aguçada, aumento de energia, pouca necessidade de sono e comida, sentimentos de euforia etc. Estes efeitos têm um curso previsível, durando muitas horas e levando à depressão. Esses sintomas são surpreendentemente parecidos com aqueles do amor, no sentido de um arrebatamento agudo, ou o que Dorothy Tennov denomina *limerence*, e é totalmente possível que o amor e as anfetaminas utilizem os mesmos circuitos neuronais. Contudo, há também uma diferença notável. A excitação das anfetaminas é produzida pela ingestão de uma *substância* química. A euforia do amor pode ser produzida pela *crença* que a outra pessoa nos ama e pode se transformar em depressão quando a crença é provada falsa. A euforia e depressão amorosas podem acontecer em sua maioria, de forma instantânea, enquanto os efeitos da anfetamina são produzidos e desaparecem de forma mais gradual. Enquanto está sendo elucidado o caminho neurológico através do qual as substâncias químicas produzem seus efeitos, a química da crença de que o amor é correspondido e o efeito desta crença no sistema de gratificação do cérebro é provavelmente muito mais complexo. Num futuro próximo, e talvez para sempre, estaremos apenas aptos a descrevê-la em termos do seu conteúdo ('Ela me ama') e não em termos de seu substrato molecular."

Jon Elster, *Strong Feelings*

O começo súbito das emoções e o ponto de não-retorno

"No momento eu gostaria de fazer dois comentários. Primeiro, é realmente verdade que na maioria dos casos as reações emocionais são acionadas de forma praticamente instantânea por sinais cognitivos ou perceptivos. Frente a uma agressão física ou perigo, as emoções de raiva ou medo, com as tendências concomitantes à ação de fugir, ou lutar, podem ser despertadas numa fração de segundo. Em segundo lugar, contudo, existem tantas exceções que um início súbito não pode ser tomado como uma característica universal ou um aspecto definidor da emoção. Raiva e amor podem crescer em nós de forma tão gradual e imperceptível, que não notamos o que está acontecendo. Ao mesmo tempo, essas emoções são freqüentemente caracterizadas por um ponto de não-retorno, além do qual não há autocontrole. A razão pela qual a raiva é tão difícil de controlar, segundo Montaigne, é que perdemos o controle antes de nos tornarmos conscientes da emoção: o começo de todas as coisas é fraco e tênue, devemos manter os nossos olhos bem abertos no seu início; não podemos ver nenhum perigo nesse momento, porque elas são pequenas, assim que tiverem crescido, não se pode encontrar a cura. No romance do séc. XVII *Le grand Cyrus*, podemos encontrar uma observação similar sobre o amor: 'Cleobuline o amava sem saber que o amava, e ela esteve sob essa ilusão por tanto tempo que esse afeto não podia ser superado quando ela finalmente tornou-se consciente dele.' Em outras palavras, a dinâmica da raiva e do amor encontra-se sujeita ao dilema da figura 1."

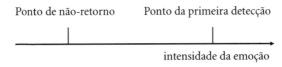

Figura 1: O dilema da dinâmica do amor e da raiva

Jon Elster, *Strong feelings*

Referências e fontes

• A apresentação inicial sobre as três formas de amor segue o exposto no capítulo "Amor" do livro de André Comte-Sponville, *Pequeno tratado das grandes virtudes* (São Paulo, Martins Fontes, 1995, pp.241-311)

• As referências a *Os sofrimentos do jovem Werther*, bem como as cartas de Goethe foram citadas conforme a tradução em português de *Os sofrimentos do jovem Werther* (Porto Alegre, L&PM, 2001). O fragmento do poema de Auden foi traduzido por mim a partir do poema original "The more loving one", de *Homage to Clio* (Nova York, Random House, 1960). O poema de Safo foi extraído do livro de Ronald de Souza, *The Rationality of Emotion* (Cambridge, MIT Press, 1997).

• A coleção *Os pensadores* foi fonte para os seguintes trechos: as citações de Aristóteles sobre a amizade, retiradas de *Ética a Nicômaco* (São Paulo, Abril Cultural, 1984); a definição de amor em Spinoza retirada de sua *Ética* (São Paulo, Abril Cultural, 1983); a análise do *Banquete* de Platão (São Paulo, Abril Cultural, 1983); os textos de Epicuro, retirados de sua *Antologia de textos* (São Paulo, Abril Cultural, 1980) e as passagens de Sêneca, citadas conforme o texto *Da tranqüilidade da alma* (São Paulo, Abril Cultural, 1980).

• Os trechos da *Fenomenologia do espírito* de Hegel foram traduzidos por mim da obra *Phänomenologie des Geistes* (Frankfurt, Suhrkamp, 1986).

• A análise e citações de Descartes foram traduzidas por mim do texto *Les passions de L'ame, Oeuvres de Descartes*, Adam-Tannery (org.) (Paris, Vrin, 1964-76, XI).

• As citações de Kant foram traduzidas por mim da edição da Academia da *Anhtropologie in pragmatischer Hinsicht,* tomo VII, bem como das Reflexionen, Nachlass, reflexão 1471, XV: 649. *Kants Werke,* Akademie Textausgabe (Berlim, Walter de Gruyter & Co, 1968).

• Para a abordagem contemporânea do amor, foram utilizadas principalmente as seguintes fontes: Ronald de Souza, *The Rationality of Emotion* (Cambridge, MIT Press, 1997); Paul Griffiths, *What Emotions Really Are* (Chicago, Chicago University Press, 1997); Jon Elster, *Strong Feelings, Emotion, Addiction and Human Behavior* (Cambridge, MIT Press, 2000, p.5 e p.29).

Leituras recomendadas

Além das obras já citadas nas Referências e fontes, recomendo a leitura dos seguintes textos:

• Sobre a figura do senhor e do escravo recomendo a leitura da *Fenomenologia do espírito* de Hegel, na tradução de Paulo Meneses (São Paulo/Bragança Paulista, Vozes/Universidade de São Francisco, 2002).

• Sobre o epicurismo e o estoicismo, sugiro a leitura de dois brilhantes textos sobre o tema: Martha Nussbaum, *The Therapy of Desire* (Princeton, Princeton University Press, 1994) e Richard Sorabji, *Emotion and Peace of Mind* (Oxford, Oxford University Press, 2000).

• A teoria das paixões da alma de Descartes pode ser encontrada na tradução em português do texto *As paixões da alma*, Os Pensadores (São Paulo, Abril Cultural, 1983). Além disso, a obra de Denis Kamboucher, *Lhomme des passions* (Paris, Albin Michael, 1995).

• Sobre a teoria das emoções em Kant recomendo o livro de Nancy Shermann, *Making a Necessity of Virtue: Aristotle and Kant on Virtue* (Nova York, Cambridge University Press, 1997).

Amor 59

- A abordagem contemporânea das emoções é feita nos seguintes textos:

Robert Solomon, *The Passions* (Indianápolis, Hackett, 1993).

M. Liebowitz, *The Chemistry of Love* (Boston, Brown, 1983).

Dorothy Tennov, *Love and Limerence* (Nova York, Stein and Day, 1979).

Gilbert Ryle, *The Concept of Mind* (Londres, Hutchinson, 1949).

Anthony Kenny, *Action, Emotion and Will* (Londres, Routledge and Kegan Paul, 1963).

Sobre a autora

Maria de Lourdes Borges é professora adjunta de Filosofia na Universidade Federal de Santa Catarina. Doutorou-se em Hegel em 1996 na UFRGS. Fez pós-doutorado na Universidade da Pensilvânia em 1999. Publicou *História e metafísica em Hegel* (EDIPUCRS) e *Tudo o que você devia saber sobre Ética* (DP&A), bem como artigos em várias revistas especializadas, entre elas o *Journal of Philosophy*. Atualmente pesquisa a teoria das emoções em Kant e finaliza o livro *Razão e emoção em Kant*.

Coleção **PASSO-A-PASSO**

Volumes recentes:

CIÊNCIAS SOCIAIS PASSO-A-PASSO

Cultura e empresas [10],
Lívia Barbosa

Relações internacionais [11],
Williams Gonçalves

Rituais ontem e hoje [24],
Mariza Peirano

Capital social [25],
Maria Celina D'Araujo

Hierarquia e individualismo [26],
Piero de Camargo Leirner

Sociologia do trabalho [39],
José Ricardo Ramalho e
Marco Aurélio Santana

O negócio do social [40],
Joana Garcia

Origens da linguagem [41],
Bruna Franchetto e Yonne Leite

FILOSOFIA PASSO-A-PASSO

Adorno & a arte contemporânea [17],
Verlaine Freitas

Rawls [18], Nythamar de Oliveira

Freud & a filosofia [27], Joel Birman

Platão & A República [28],
Jayme Paviani

Maquiavel [29], Newton Bignotto

Filosofia medieval [30],
Alfredo Storck

Filosofia da ciência [31],
Alberto Oliva

Heidegger [32], Zeljko Loparic

Kant & o direito [33], Ricardo Terra

Fé [34], J.B. Libânio

Ceticismo [35], Plínio Junqueira Smith

Schiller & a cultura estética [42],
Ricardo Barbosa

Derrida [43], Evando Nascimento

Amor [44], Maria de Lourdes Borges

Filosofia analítica [45],
Danilo Marcondes

Maquiavel & O Príncipe [46],
Alessandro Pinzani

A Teoria Crítica [47], Marcos Nobre

PSICANÁLISE PASSO-A-PASSO

A interpretação [12], Laéria B.
Fontenele

Arte e psicanálise [13], Tania Rivera

Freud [14], Marco Antonio Coutinho
Jorge e Nadiá P. Ferreira

Freud & a cultura [19], Betty B. Fuks

Freud & a religião [20],
Sérgio Nazar David

Para que serve a psicanálise? [21],
Denise Maurano

Depressão e melancolia [22],
Urania Tourinho Peres

A neurose obsessiva [23],
Maria Anita Carneiro Ribeiro

Mito e psicanálise [36],
Ana Vicentini de Azevedo

O adolescente e o Outro [37],
Sonia Alberti

A teoria do amor [38],
Nadiá P. Ferreira